Ordonnances
relatives
à l'Acad. R.le de Médecine.

P.

# ORDONNANCES

## DU ROI,

## ARRÊTÉS ET RÈGLEMENT

POUR

## L'ACADÉMIE ROYALE DE MÉDECINE.

# ORDONNANCES

RELATIVES

## A L'ACADÉMIE ROYALE DE MÉDECINE.

### ORDONNANCE

*Portant Création de l'Académie royale de médecine.*

Au château des Tuileries, le 20 décembre 1820.

LOUIS, par la grâce de Dieu, ROI DE FRANCE ET DE NAVARRE, à tous ceux qui ces présentes verront, SALUT.

Notre intention étant de donner le plus tôt possible des règlemens propres à perfectionner l'enseignement de l'art de guérir et à faire cesser les abus qui ont pu s'introduire dans l'exercice de ses différentes branches, nous avons pensé qu'un des meilleurs moyens de préparer ce double bienfait était de créer une Académie spécialement chargée de travailler au perfectionnement de la science médicale, et d'accorder à cette Académie une protection particulière. Nous nous sommes d'ailleurs rappelé les services éminens qu'ont rendus, sous le règne de nos prédécesseurs, la Société royale de médecine et l'Académie royale de chirurgie, et nous avons voulu en faire revivre le souvenir et l'utilité en rétablissant ces compagnies célèbres sous une forme plus appropriée à l'état actuel de l'enseignement et des lumières.

A CES CAUSES,

Sur le rapport de notre Ministre secrétaire d'état au département de l'intérieur,

I

Nous avons ordonné et ordonnons ce qui suit :

### ARTICLE PREMIER.

Il sera établi à Paris, pour tout notre royaume, une Académie royale de médecine.

### 2.

Cette Académie sera spécialement instituée pour répondre aux demandes du gouvernement sur tout ce qui intéresse la santé publique, et principalement sur les épidémies, les maladies particulières à certains pays, les épizooties, les différens cas de médecine légale, la propagation de la vaccine, l'examen des remèdes nouveaux et des remèdes secrets, tant internes qu'externes, les eaux minérales naturelles ou factices, etc.

Elle sera en outre chargée de continuer les travaux de la Société royale de médecine et de l'Académie royale de chirurgie : elle s'occupera de tous les objets d'étude et de recherche qui peuvent contribuer aux progrès des différentes branches de l'art de guérir. En conséquence, tous les registres et papiers ayant appartenu à la Société royale de médecine ou à l'Académie royale de chirurgie, relatifs à leurs travaux, seront remis à la nouvelle Académie et déposés dans ses archives.

### 3.

L'Académie sera divisée en trois sections, une de médecine, une de chirurgie, et une de pharmacie.

### 4.

Elle sera composée d'honoraires, de titulaires, d'associés et d'adjoints.

### 5.

Il y aura trente honoraires dans la section de médecine, vingt dans la section de chirurgie, et dix dans la section de pharmacie, tous pris hors de la classe des titulaires, et choisis par voie d'élection. Indépendamment de ces honoraires élus, tout titulaire âgé de soixante ans accomplis pourra devenir, de droit, honoraire, sous la seule condition d'en faire la demande par écrit.

6.

Les titulaires seront au nombre de quarante-cinq dans la section de médecine, de vingt-cinq dans la section de chirurgie, et de quinze dans la section de pharmacie. Cinq titulaires de la section de médecine seront nécessairement choisis parmi les médecins vétérinaires.

7.

Il y aura trois classes d'associés : des associés libres, des associés ordinaires et des associés étrangers.

Le nombre des associés libres sera de trente : ils seront choisis parmi les personnes qui cultivent avec succès les sciences accessoires à la médecine, ou qui auront contribué d'une manière quelconque à leurs progrès, ou enfin qui, dans les divers établissemens consacrés au soulagement de l'humanité, l'auront servie avec zèle et distinction. Ils devront résider à Paris.

Les associés ordinaires seront au nombre de quatre-vingts, dont vingt seulement résidant à Paris : ils seront pris parmi les médecins, les chirurgiens, les pharmaciens et les savans du royaume qui se sont fait connaître d'une manière avantageuse, soit par leurs écrits, soit par leurs succès dans la pratique ou dans l'enseignement.

Le nombre des associés étrangers est fixé à trente : ils seront choisis parmi les médecins, chirurgiens, pharmaciens et savans étrangers les plus célèbres.

Les associés de toutes les classes appartiendront au corps de l'Académie, et ne seront attachés à aucune section en particulier.

( 4 )

8.

Les adjoints seront choisis de préférence parmi les médecins, chirurgiens, officiers de santé et pharmaciens qui auront présenté ou envoyé à l'Académie, des observations ou des mémoires, et qui auront montré le plus de zèle pour contribuer à ses travaux. Ceux qui résideront à Paris, prendront le titre d'*adjoints résidans ;* ceux qui résideront dans les départemens ou à l'étranger, prendront le titre d'*adjoints correspondans.*

Le nombre des adjoints résidans pourra égaler celui des titulaires de la section à laquelle ils seront attachés : le nombre des adjoints correspondans est indéterminé.

9.

Chacune des trois sections de l'Académie élira ses membres honoraires, ses membres titulaires et ses adjoints. Les associés seront élus par l'Académie entière ; toutefois, l'élection des honoraires, titulaires et associés ne sera définitive que lorsqu'elle aura été approuvée par nous. Quant à l'élection des adjoints, elle devra être confirmée par l'Académie entière.

10.

L'Académie s'assemblera, ou en corps, ou par section. Les séances générales se tiendront une fois tous les trois mois ; et les séances des sections, deux fois chaque mois.

11.

Les séances générales auront pour objet, d'une part, l'administration et les affaires générales de l'Académie ; et, de l'autre, les matières de science dont la discussion exigera le concours de toutes les sections.

Les séances des sections seront consacrées aux objets de science et d'étude dont chacune d'elles devra spécialement s'occuper.

Lorsqu'il se rencontrera des matières qui intéresseront à la fois deux sections, ces deux sections se réuniront pour les discuter en commun. Ces mêmes matières seront toujours renvoyées à des commissions mixtes.

### 12.

Les honoraires et les titulaires d'une section assisteront, quand ils voudront, aux séances des deux autres sections. Les associés et les adjoints pourront assister à toutes les séances, soit générales, soit de section.

Les honoraires, les titulaires et les associés auront voix délibérative en matière de science. Les diverses nominations et les affaires générales de l'Académie seront exclusivement réservées aux titulaires.

### 13.

Indépendamment de ses séances privées, soit générales, soit particulières, l'Académie tiendra annuellement trois séances publiques, une pour chacune de ses sections.

Ces séances seront principalement destinées, 1° à rendre compte des travaux de la section qui occupera la séance; 2° à faire connaître, par des éloges ou des notices historiques, les membres que cette section aura perdus; 3° à annoncer les sujets de prix qu'elle proposera pour l'année courante; 4° enfin à proclamer les noms de ceux qui auront remporté les prix proposés antérieurement.

### 14.

Le bureau général de l'Académie sera composé d'un président d'honneur perpétuel, d'un président temporaire, d'un secrétaire et d'un trésorier. Notre premier médecin en titre sera, de droit, président d'honneur perpétuel de l'Académie. Le président temporaire, le secrétaire et le trésorier seront élus par l'Académie

entière, et nécessairement choisis parmi ses membres titulaires :
ils pourront être pris indifféremment dans l'une ou dans l'autre
des trois sections. Le président ordinaire et le secrétaire seront en
fonctions pendant une année, et le trésorier pendant cinq.

## 15.

Le bureau particulier de chaque section sera composé d'un
président, d'un vice-président et d'un secrétaire, tous choisis
parmi les titulaires de cette section. Les présidens et secrétaires
ne seront en fonctions que pendant une année.

Il pourra être, dans la suite, nommé des secrétaires perpétuels
pour les sections dont les travaux rendraient cette disposition
nécessaire. Leur nomination devra être soumise à notre approbation.

## 16.

L'Académie aura un conseil d'administration composé du président d'honneur perpétuel, du président temporaire et du trésorier de l'Académie, des présidens et des secrétaires des trois
sections et du doyen de la Faculté de médecine de Paris, lequel
sera toujours de droit membre de l'Académie.

Ce conseil sera spécialement chargé d'administrer les affaires
de l'Académie, et de répartir entre les trois sections les matières
dont chacune d'elles devra s'occuper. Il s'assemblera une fois par
semaine ; il aura le droit de convoquer des assemblées extraordinaires, soit générales, soit de section, toutes les fois qu'il le jugera
nécessaire ou utile.

## 17.

Il sera ultérieurement statué sur les dépenses de l'Académie et
sur les moyens d'y pourvoir.

## 18.

L'Académie royale de médecine pourra accepter, en se con-

( 7 )

formant aux lois et règlemens, des legs et donations destinés à favoriser les progrès de la science.

### 19.

Des règlemens rédigés par l'Académie détermineront son régime intérieur, la tenue de ses assemblées, le mode qu'elle suivra dans ses nominations, l'ordre et la direction de ses travaux, les formes de son administration, les obligations de ses différens membres, et en général tout ce qui n'aurait pas été prévu ou réglé par la présente ordonnance. Ces règlemens seront soumis à l'approbation de notre Ministre secrétaire d'état au département de l'intérieur.

### 20.

Pour la première formation de l'Académie, nous nous réservons de nommer une partie des honoraires, des titulaires et des associés.

### 21.

Notre Ministre secrétaire d'état au département de l'intérieur est chargé de l'exécution de la présente ordonnance, qui sera insérée au Bulletin des lois.

Donné en notre château des Tuileries, le 20 décembre de l'an de grâce mil huit cent vingt, et de notre règne le vingt-sixième.

*Signé* LOUIS.

Par le Roi :

*Le Ministre secrétaire d'état au département de l'intérieur,*

*Signé* SIMÉON.

# ORDONNANCE

*Qui nomme une partie des membres de l'Académie royale de médecine.*

Au château des Tuileries, le 27 décembre 1820.

LOUIS, par la grâce de Dieu, ROI DE FRANCE ET DE NAVARRE, à tous ceux qui ces présentes verront, SALUT.

Vu notre ordonnance du 20 décembre portant création d'une Académie royale de médecine;

Vu notamment l'art. 20, par lequel nous nous nommes réservé de nommer pour la première formation une partie des membres de l'Académie;

Sur le rapport de notre Ministre secrétaire d'état au département de l'intérieur,

NOUS AVONS ORDONNÉ et ORDONNONS ce qui suit :

## ARTICLE PREMIER.

Sont nommés membres de l'Académie royale de médecine, savoir :

*DANS LA SECTION DE MÉDECINE.*

*Titulaires,*

LES SIEURS

Chevalier ALIBERT, notre premier médecin ordinaire;

BERTIN, médecin en chef de l'hôpital Cochin;

BOURDOIS, médecin en chef des épidémies dans le département de la Seine;

BROUSSAIS, médecin et professeur à l'hôpital militaire du Val-de-Grâce;

CHAUSSIER, professeur à la Faculté de médecine de Paris;

COUTANCEAU, médecin de l'hôpital militaire de la Garde royale;

( 9 )

Les Sieurs

Baron Desgenettes, professeur de la Faculté de médecine de Paris;

Duméril, *idem;*

Double, membre de la Société de médecine du département de la Seine;

Esquirol, médecin de l'hospice de la Salpêtrière;

Fouquier, professeur de la Faculté de médecine de Paris;

Geoffroy, médecin de l'Hôtel-Dieu de Paris;

Girard, directeur de l'École royale vétérinaire d'Alfort;

Chevalier Hallé, professeur de la Faculté de médecine de Paris;

Huzard, inspecteur général des Écoles royales vétérinaires;

Chevalier Leroux, doyen de la Faculté de médecine de Paris;

Lucas, médecin de notre bien-aimée Nièce Duchesse d'Angoulême;

Orfila, professeur de la Faculté de médecine de Paris;

Chevalier Portal, notre premier médecin;

Pariset, médecin de l'hospice de Bicêtre;

Récamier, médecin de l'Hôtel-Dieu de Paris;

Royer-Collard, professeur de la Faculté de médecine de Paris;

*Honoraires.*

Les Sieurs

Andry, membre de l'ancienne Société royale de Médecine;

Beauchêne père, l'un de nos médecins consultans;

Borie, médecin de l'Hôtel-Dieu de Paris;

Bourru, dernier doyen de l'ancienne Faculté de médecine de Paris;

Baron Corvisart, professeur honoraire à la Faculté de médecine de Paris;

Dalmas, l'un de nos médecins par quartier;

Duffour, *idem,* et médecin de l'hôpital royal des Quinze-Vingts;

De Jussieu, professeur de la Faculté de médecine de Paris;

Montaigu, médecin de l'Hôtel-Dieu de Paris;

Petit, *idem;*

Les Sieurs

Pinel, professeur de la Faculté de médecine de Paris;

Sédillot, ancien secrétaire général de la Société de médecine de Paris;

Tessier, membre de l'ancienne Société royale de médecine;

Baron de Wenzel, médecin-oculiste, de Paris;

*DANS LA SECTION DE CHIRURGIE,*

### *Titulaires.*

Les Sieurs

Béclard, professeur à la Faculté de médecine de Paris;

Bougon, premier chirurgien ordinaire de notre bien-aimé Frère, Monsieur;

Baron Boyer, professeur de la Faculté de médecine de Paris;

Deneux, médecin-accoucheur de notre bien-aimée Nièce la Duchesse de Berry;

Distel, notre premier chirurgien ordinaire;

Baron Dubois, professeur de la Faculté de médecine de Paris;

Baron Dupuytren, *idem;*

Évrat, membre de l'ancienne Académie royale de chirurgie;

Lallement, professeur à la Faculté de Paris;

Baron Larrey, chirurgien en chef de l'Hôpital militaire de la Garde royale;

Marjolin, professeur à la Faculté de médecine de Paris:

Chevalier Richerand, *idem;*

Roux, *idem;*

Baron Yvan, chirurgien en chef de l'Hôtel royal des Invalides.

### *Honoraires.*

Les Sieurs

Barbier, chirurgien en chef de l'Hôpital du Val-de-Grâce;

Deschamps, membre de l'Académie des sciences;

Les Sieurs

Chevalier Pelletan, professeur de la Faculté de médecine de Paris;

Baron Percy, membre de l'Académie des sciences;

Valentin, membre de l'ancienne Académie royale de médecine.

*DANS LA SECTION DE PHARMACIE,*

### Titulaires.

Les Sieurs

Boullay, pharmacien à Paris;

Deyeux, professeur à la Faculté de médecine de Paris;

Fabre, notre pharmacien en chef;

Henry, professeur adjoint de l'École de pharmacie de Paris;

Laugier, directeur adjoint de l'École de pharmacie de Paris;

Pelletier, professeur adjoint à l'École de pharmacie de Paris;

Planche, pharmacien à Paris;

Robiquet, professeur à l'École de pharmacie de Paris;

Vauquelin, directeur de l'École de pharmacie de Paris.

### Honoraires.

Les Sieurs

Boudet oncle, ancien pharmacien à Paris;

Bouillon-Lagrange, professeur à l'École de pharmacie de Paris;

Bourriat, professeur adjoint à l'École de pharmacie de Paris;

Cadet de Vaux, ancien pharmacien à Paris;

Charlard, *idem;*

Cheradame, trésorier de l'École de pharmacie de Paris.

## 2.

Sont nommés associés libres de l'Académie,

Les Sieurs

Comte Berthollet, pair de France, membre de l'Académie des sciences;

Comte Chaptal, pair de France, membre de l'Académie des sciences;

Baron Cuvier, conseiller d'état, secrétaire perpétuel de l'Académie des sciences;

Desfontaines, membre de l'Académie des sciences, professeur au Muséum d'histoire naturelle;

Gay-Lussac, membre de l'Académie des sciences, professeur à la Faculté des sciences;

Geoffroy de Saint-Hilaire, membre de l'Académie des sciences, professeur au Muséum d'histoire naturelle;

Comte de Lacépède, pair de France, membre de l'Académie des sciences;

Baron Ramond, conseiller d'état, membre de l'Académie des sciences;

Duc de la Rochefoucault, pair de France;

Thenard, membre de l'Académie des sciences, professeur à la Faculté des sciences.

## 3.

Sont nommés associés non résidans de l'Académie,

Les Sieurs

Barbier, professeur de matière médicale à Amiens;

Baume, professeur à la Faculté de médecine de Montpellier;

Braconnot (Henry), pharmacien à Nanci;

Bertrand, médecin inspecteur des eaux du Mont-d'Or;

Boin, inspecteur général des eaux minérales;

Les Sieurs

Bouchet, ancien chirurgien en chef de l'hôpital général de Lyon;

Brennet, docteur en médecine à Dijon;

Broussonnet, professeur à la Faculté de médecine de Montpellier;

Chrétien, docteur en médecine à Montpellier;

Coze, doyen de la Faculté de médecine de Strasbourg;

Delpech, professeur à la Faculté de médecine de Montpellier;

De Sèze, docteur en médecine et recteur de l'Académie de Bordeaux;

Flamand, professeur de la Faculté de médecine de Strasbourg;

Fodéré, professeur à la Faculté de médecine de Strasbourg;

Fouré, médecin des épidémies à Nantes;

Gerboin, professeur à la Faculté de médecine de Strasbourg;

Gayrard, médecin en chef de la succursale des Invalides à Avignon;

Hecht, directeur de l'École de pharmacie de Strasbourg;

Labbat, médecin inspecteur des eaux de Cauterets;

Laennec neveu, docteur en médecine à Quimper;

Lanoix, docteur en médecine à Orléans;

Lasservole, notre médecin honoraire à Sarlat;

Lordat, doyen de la Faculté de médecine de Montpellier;

Murat, médecin inspecteur des eaux de Cransac;

Paulet, docteur en médecine à Fontainebleau;

Proust, membre de l'Académie des sciences à Angers;

Taranget, docteur en médecine et recteur de l'Académie de Douai;

Tourdes, professeur à la Faculté de médecine de Strasbourg;

Valentin (Louis), docteur en médecine à Nanci;

Vigarous, professeur à la Faculté de médecine de Montpellier;

Viguerie, professeur de chirurgie à Toulouse;

Virenque, directeur de l'École de pharmacie de Montpellier.

4.

Notre Ministre secrétaire d'état de l'intérieur est chargé de l'exécution de la présente ordonnance.

Donné au château des Tuileries, le 27 décembre de l'an de grâce mil huit cent vingt, et de notre règne le vingt-sixième.

*Signé* LOUIS.

Par le Roi :

*Le Ministre secrétaire d'état de l'intérieur,*

*Signé* SIMÉON.

# ORDONNANCE

*qui prescrit de nouvelles dispositions relatives à l'Académie royale de médecine.*

Au château des Tuileries, le 6 février 1821.

LOUIS, par la grâce de Dieu, Roi de France et de Navarre, à tous ceux qui ces présentes verront, salut.

Sur les représentations qui nous ont été faites de la part des membres honoraires de l'Académie royale de médecine ;

Considérant que la différence établie par notre ordonnance du 20 décembre dernier, entre les honoraires et les titulaires, les uns et les autres ayant les mêmes attributions académiques, n'a eu en vue que de dispenser les premiers, en raison de leur âge, des soins de l'administration, et de les placer dans une position moins obligée pour les autres travaux ; mais que les mêmes motifs n'existent point lorsqu'il s'agit d'élire, soit les académiciens, soit les dignitaires ; que leurs lumières, leur expérience ne peuvent que contribuer fort utilement à ces élections ; que seulement il est convenable, pour avoir égard à ce qui a été déjà fait, aux distinctions voulues par notredite ordonnance et aux usages pratiqués dans des corps analogues, de ne les point faire prendre part à l'élection des titulaires ;

Désirant aussi régler le mode d'élire, et déférer à un vœu qui nous a été exprimé relativement aux secrétaires perpétuels dont notre ordonnance du 20 décembre a prévu le besoin ;

Sur le rapport de notre Ministre secrétaire d'état au département de l'intérieur,

NOUS AVONS ORDONNÉ ET ORDONNONS ce qui suit :

### ARTICLE PREMIER.

Les membres honoraires de l'Académie royale de médecine ont voix délibérative pour toutes les nominations autres que celles des titulaires.

### 2.

Toute élection est faite à la majorité absolue des suffrages des membres présens à la séance, lesquels ne peuvent, pour que l'élection soit valable, être moins des deux tiers de ceux qui ont le droit d'y assister.

Si la majorité absolue n'a point été obtenue aux deux premiers tours de scrutin, il est procédé, par un troisième tour, au ballotage, en liste double, de ceux qui, au second tour, ont obtenu le plus de voix.

### 3.

Il pourra n'y avoir qu'un secrétaire perpétuel pour toute l'Académie, sauf à lui donner des adjoints pour les sections dont les travaux le rendraient nécessaire.

### 4.

Notre Ministre secrétaire d'état au département de l'intérieur est chargé de l'exécution de la présente ordonnance.

Donné en notre château des Tuileries, le 6 février de l'an de grâce mil huit cent vingt-un, et de notre règne le vingt-sixième.

*Signé* LOUIS.

Par le Roi :

*Le Ministre Secrétaire d'état au département de l'intérieur,*

*Signé* SIMÉON.

# DÉCISION

*Par laquelle le Roi a approuvé les choix faits par l'Académie pour remplir les places de titulaires vacantes dans son sein.*

Au château des Tuileries, le 6 février 1821.

Par une décision du 6 février 1821, le Roi a approuvé les choix faits par l'Académie royale de médecine, pour remplir les places de Titulaires vacantes dans son sein.

Ont été nommés, savoir :

*DANS LA SECTION DE MÉDECINE,*

LES SIEURS

KÉRAUDREN, inspecteur général du service de santé de la marine;
LERMINIER, médecin de l'hôpital de la Charité;
ADELON, docteur en médecine;
GUERSENT, médecin de l'hôpital des Enfans;
DUPUY, professeur à l'École Royale vétérinaire d'Alfort;
JADELOT, médecin de l'hôpital des Enfans;
MOREAU DE LA SARTHE, professeur de la Faculté de médecine de Paris;
MARC, membre du Conseil de salubrité de Paris;
RENAULDIN, médecin de l'hôpital Beaujon;
ALARD, ancien secrétaire général de la Société médicale d'émulation;
BALLY, docteur en médecine;
HUSSON, médecin de l'Hôtel-Dieu;
LANDRÉ-BEAUVAIS, médecin de l'École royale polytechnique;
LOUYER-VILLERMAY, docteur en médecine;
DESPLAS, médecin vétérinaire;
HIPPOLYTE CLOQUET, docteur en médecine;

Les Sieurs

Désormeaux, professeur de la Faculté de médecine de Paris;
Rullier, docteur en médecine;
Itard, médecin de l'Institution royale des Sourds-muets;
Magendie, docteur en médecine;
Delens, secrétaire général de l'Athénée de médecine de Paris;
Léveillé, médecin des prisons du département de la Seine;
Desmarets, professeur à l'École royale vétérinaire d'Alfort.

*DANS LA SECTION DE CHIRURGIE,*

Les Sieurs,

Breschet, chef des travaux anatomiques de la Faculté de médecine;
Jules Cloquet, chirurgien en second de l'hôpital de Saint-Louis;
Cullerier, chirurgien en chef de l'hôpital des Vénériens;
Murat, chirurgien en chef de l'hôpital de Bicêtre;
Ribes, chirurgien de l'Hôtel royal des Invalides;
Duval, docteur en chirurgie;
Lisfranc, chirurgien du Bureau central d'admission des hospices;
Demours, médecin-oculiste de Sa Majesté;
Beauchêne fils, chirurgien de l'hôpital Saint-Antoine;
Hedelhoffer, docteur en chirurgie;
Moreau, professeur d'accouchemens.

*DANS LA SECTION DE PHARMACIE,*

Les Sieurs

Boudet, pharmacien à Paris;
Cadet, *idem;*
Derosne, *idem;*
Caventou, *idem;*
Clarion, professeur adjoint à l'École de pharmacie;
Laubert, pharmacien en chef des armées.

3

# RÈGLEMENT

DE

## L'ACADÉMIE ROYALE DE MÉDECINE,

APPROUVÉ

## PAR S. E. LE MINISTRE DE L'INTÉRIEUR,

SUIVANT SA LETTRE DU 3 JUILLET 1822.

## TITRE PREMIER. — ASSEMBLÉES GÉNÉRALES.

### CHAPITRE PREMIER.

#### ARTICLE PREMIER.

Les séances générales et privées de l'Académie auront lieu le *Séances privées.*
premier mardi de chaque mois, à trois heures.

#### 2.

Les membres honoraires, titulaires, associés et adjoints ont seuls
le droit d'assister à ces séances.

Les adjoints y occupent une place séparée.

#### 3.

Les séances privées sont présidées par le premier médecin du *Présidens.*
Roi, président d'honneur perpétuel, et, en son absence, par le
président temporaire.

#### 4.

Le président d'honneur perpétuel préside de droit les réunions
de l'Académie, des sections et de leurs commissions; il a voix
prépondérante, en cas d'égalité de suffrages; il marche à la tête

de l'Académie et de ses députations; il les présente et il porte la parole en leur nom.

5.

Le président temporaire est élu par l'Académie, et pris, alternativement, dans les sections de médecine, de chirurgie et de pharmacie. En cas de besoin, il supplée le président d'honneur perpétuel dans toutes ses fonctions.

6.

Le président appelle les sujets à traiter, conformément à l'ordre du jour : il dirige les discussions; il met aux voix les propositions, recueille les suffrages, proclame les décisions de l'Académie, nomme, de concert avec le bureau, les commissions que l'Académie ne croit pas devoir choisir elle-même; il arrête les listes de présence, il signe les procès-verbaux; enfin il veille au maintien de l'ordre.

7.

*Secrétaire.*

L'Académie a un secrétaire perpétuel, lequel est élu dans une séance indiquée à cet effet un mois d'avance.

8.

Le secrétaire perpétuel a pour fonctions de préparer les séances de l'Académie, de rédiger les procès verbaux de ces séances; de rédiger et de signer les délibérations, les lettres écrites en son nom, et généralement tous les actes qui émanent d'elle; de faire tous les ans, concurremment avec les secrétaires des sections, l'analise de l'ensemble des travaux de l'Académie, l'éloge de ses membres décédés, et de présenter une esquisse des progrès de l'art de guérir, dans toutes ses branches : il est membre du conseil d'administration.

9.

Le secrétaire perpétuel est remplacé dans ses fonctions, en cas d'empêchement, par les secrétaires des sections de médecine, de chirurgie et de pharmacie, dans l'ordre indiqué ci-dessus.

### 10.

Les travaux des séances ont lieu dans l'ordre suivant :

*Ordre des travaux.*

1° Lecture et adoption du procès-verbal de la précédente séance ;

2° Compte rendu des décisions prises par le conseil d'administration ;

3° Correspondance avec le gouvernement et avec les autorités constituées ;

4° Correspondance avec les savans agrégés, ou non, à l'Académie ;

5° Annonce des observations, mémoires et ouvrages imprimés ;

6° Annonce des observations, mémoires et ouvrages manuscrits ;

7° Élections ;

8° Rapport des commissions nommées par l'Académie ;

9° Lecture des observations, mémoires et ouvrages des membres honoraires, titulaires, associés et adjoints ;

10° Lecture des observations, mémoires et ouvrages d'un intérét commun à plusieurs sections, présentés par les savans étrangers à l'Académie ;

11° Exposition et démonstration des objets matériels.

### . 11.

A l'ouverture de la séance, une feuille, déposée sur le bureau, et partagée en autant de colonnes qu'il y a de sortes de membres dans l'Académie, sert à recevoir leurs signatures.

*Feuilles de présence.*

### 12.

A trois heures et demie le président arrête cette liste en tirant une barre et mettant sa signature au-dessous du dernier nom inscrit dans chaque colonne.

### 13.

Les membres titulaires inscrits au-dessus de la barre reçoivent, à leur place, un jeton de la valeur de    et frappé à l'effigie du Roi. Ce jeton n'est délivré qu'à cinq heures, et seulement aux membres présens.

### 14.

Les jetons des membres absens sont mis en réserve, 1° pour être distribués aux membres des commissions auxquelles le conseil d'administration jugera nécessaire d'en accorder; 2° pour être convertis en médailles d'encouragement et distribués aux médecins et aux savans qui se seront le plus distingués par leur zèle.

### 15.

Le recueil des feuilles de présence est consulté, dès qu'un membre de l'Académie fait la demande d'un titre plus élevé que celui qu'il a.

### 16.

*Lectures.*

Toutes les pièces adressées à l'Académie sont datées et paraphées par le secrétaire perpétuel, le jour même de leur réception. La lecture et la présentation de ces pièces sont constatées de la même manière.

### 17.

Les honoraires, les titulaires et les associés ont le droit de faire connaître immédiatement leurs travaux à l'Académie.

### 18.

Les autres membres de ce corps et les savans qui n'en font pas partie doivent soumettre d'abord leurs travaux à la section qu'ils concernent.

#### 19.

Les sections, après avoir pris connaissance de ces travaux, décident quels sont ceux qui peuvent être communiqués à l'Académie.

#### 20.

En cas de concurrence entre les mémoires qui lui sont présentés, l'Académie entend, alternativement et dans l'ordre de leur inscription respective, la lecture de mémoires sur la médecine, la chirurgie et la pharmacie.

#### 21.

Néanmoins l'Académie peut, par une délibération expresse, intervertir cet ordre toutes les fois qu'elle le juge convenable.

#### 22.

Aucune lecture ne peut être interrompue, suspendue ou renvoyée, que sur l'avis du bureau.

En cas de réclamation, l'Académie est consultée.

#### 23.

Les opinions et les jugemens de l'Académie se forment sur la proposition de ses membres, ou sur le rapport des commissions nommées par elle.   *Commissions.*

#### 24.

Sont envoyés à des commissions : 1° les communications du gouvernement et des autorités; 2° les propositions relatives à des matières de règlement et de police intérieure; 3° les projets dont l'exécution entraînerait une dépense de plus de 5o fr.

#### 25.

Les commissions se composent de trois, cinq, sept, neuf ou onze membres, suivant l'importance des objets qui leur sont renvoyés.

Les adjoints résidens peuvent faire partie de ces commissions, dans la proportion d'un tiers au plus.

### 26.

Les commissions sont nommées sur la désignation du bureau, ou au scrutin toutes les fois qu'il est réclamé par dix membres au moins.

### 27.

Les commissions se choisissent un président et un secrétaire : elles ne peuvent connaître que des objets qui leur sont adressés.

### 28.

*Rapports.* Les commissions font des rapports suivis de propositions.

### 29.

Les rapports et les propositions des commissions ont la priorité sur les mémoires à lire, et, en cas de discussion, sur toutes les propositions individuelles.

### 30.

Ces rapports et ces propositions peuvent être discutés séance tenante, ou bien dans des séances spéciales, au gré de l'Académie.

### 31.

Une fois adoptés, les rapports et les propositions doivent être déposés et transcrits, dans l'ordre de leur adoption, sur un registre destiné à cet usage.

### 32.

Les copies et les extraits de ces rapports, faits sur la demande du gouvernement, ne peuvent être adressés qu'à lui seul.

### 33.

Dans les autres cas, ils peuvent être délivrés aux parties inté-

ressées, lorsque l'Académie le juge convenable; mais sous la
condition expresse qu'il n'y sera fait d'altération, d'addition ou de
retranchement d'aucun genre. Cette condition doit être relatée en
marge de la copie ou de l'extrait accordé.

### 34.

Les copies et les extraits sont signés par le secrétaire perpétuel
de l'Académie.

### 35.

Il est fait, tous les trois mois, un appel des rapports arriérés et
des noms des commissaires qui en sont chargés.

### 36.

L'Académie ne peut prendre de détermination qu'autant qu'il y     *Discussions.*
a proposition faite et appuyée.

### 37.

Le président doit accorder la parole pour et contre la proposition, alternativement, jusqu'à ce que la discussion soit épuisée, ou
que l'assemblée en ait décidé autrement.

Néanmoins la parole doit être accordée, pendant la discussion,
pour rétablir la question, pour réclamer la clôture et l'ordre du
jour.

### 38.

Les rapporteurs des commissions ont la priorité toutes les fois
qu'ils la réclament : ils l'ont encore de droit, après la clôture de
la discussion.

### 39.

Les honoraires, les titulaires et les associés ont seuls le droit
de prendre part aux discussions élevées dans l'Académie.

#### 40.



L'Académie ne peut prendre de décision en matière d'administration, qu'autant qu'elle est composée de la moitié plus un de ses membres titulaires.

#### 41.

Les décisions de l'Académie sont prises à la majorité absolue des suffrages : elles sont manifestées par assis et levé, ou au scrutin. Dans le cas de doute par assis et levé, l'épreuve est recommencée : si le doute persiste, le scrutin est de droit.

Il est encore de droit toutes les fois qu'il est réclamé par dix membres au moins ayant suffrage.

#### 42.

Le résultat des délibérations est proclamé par le président, et inscrit au procès verbal par le secrétaire perpétuel.

### CHAPITRE II.

#### 43.



Les séances publiques de l'Académie en corps ont lieu tous les ans, dans le cours du mois de janvier.

#### 44.

Ces séances ont pour objet l'exposition des travaux de l'Académie et des progrès de l'art de guérir dans leur ensemble; la lecture des éloges des membres décédés; la proclamation des noms des auteurs qui ont mérité les prix proposés; l'annonce des sujets de prix mis au concours, et la lecture des mémoires désignés par l'Académie.

#### 45.

Les discours et les autres pièces destinés à être lus dans les séances publiques tant de l'Académie que des sections, doivent toujours être communiqués préalablement au conseil d'administration : celui-ci détermine l'ordre et la durée des lectures.

### 46.

Les séances publiques sont présidées par les mêmes personnes, et de la même manière que les séances privées, mais elles ne comportent aucune discussion.

## TITRE II — ASSEMBLÉES DE SECTIONS.

### 47.

Les séances privées des sections ont lieu tous les quinze *Séances privées.* jours, dans la même semaine et à trois heures : celle de la section de médecine, le mardi; celle de la section de chirurgie, le jeudi; et celle de la section de pharmacie, le samedi.

### 48.

Les séances privées ont pour but, outre les nominations qui sont attribuées aux sections par les ordonnances, d'entendre la lecture des mémoires des membres honoraires, titulaires et associés qui jugent convenable d'en faire hommage, et celle des mémoires des membres adjoints et des savans étrangers; de désigner parmi ces derniers mémoires ceux qui peuvent être lus à l'Académie; d'indiquer les sujets de prix et les mémoires qui méritent d'être couronnés; d'examiner enfin toutes les questions qui pourraient être adressées par l'Académie.

### 49.

Les séances des sections sont présidées par un président et un vice-président annuels.

### 50

Un secrétaire rédige leurs procès verbaux ; fait l'histoire de leurs travaux et des progrès de la partie de l'art qui rentre dans leurs attributions ; enfin, et de concert avec le secrétaire perpétuel de l'Académie, il fait l'éloge des membres décédés dans sa section.

### 51.

*Séances publiques.* Les séances publiques des sections ont lieu de trois mois en trois mois : celle de la section de médecine, dans le mois de mars ; celle de la section de chirurgie, dans le mois de juin ; et celle de la section de pharmacie, dans le mois de septembre.

### 52.

Les séances publiques des sections sont consacrées au compte de leurs travaux particuliers, et à l'histoire de l'art de guérir dans tout ce qui se rapporte à ces travaux, à l'éloge des académiciens décédés, et à la lecture des mémoires désignés à cet effet par la section.

### 53.

Les sections se conforment, pour la tenue de leurs séances privées et publiques, aux règles établies pour la tenue des séances de l'Académie.

## TITRE III. — ÉLECTIONS.

### 54.

Nul ne peut obtenir un titre quelconque dans l'Académie, s'il n'en a fait la demande expresse, ou s'il n'a présenté quelque travail qui ait été agréé.

### 55.

Toute demande adressée par une personne qui aurait distribué

des affiches ou des annonces sur la voie publique, qui aurait dé-
bité ou fait débiter des remèdes secrets, ou qui aurait contrevenu
d'une manière notoire aux lois sur l'exercice de la médecine et de
la pharmacie sera rejetée sans discussion.

### 56.

Il ne peut être nommé à aucune place de membre de l'Académie, qu'au bout de trois mois de la vacance de cette place.

### 57

Pendant ce temps, l'Académie reçoit les demandes qui lui sont
faites par ses membres et par les personnes qui lui sont étrangères.

### 58.

Toutes ces demandes sont renvoyées par l'Académie aux sections
de médecine, de chirurgie, et de pharmacie, pour les élections
qui leurs sont attribuées par l'ordonnance du 20 décembre 1820,
et à des commissions pour les autres élections.

### 59.

Les commissions font leur rapport en comité secret, sur les titres respectifs des candidats dont les demandes leur ont été renvoyées.

### 60.

Les commissions présentent trois candidats au moins, et six au
plus pour chaque place.

### 61.

Il est voté sur ces candidats dans la séance qui suit celle où a
été fait le rapport de la commission.

### 62.

L'élection des membres honoraires, titulaires, associés et adjoints résidans, a lieu au scrutin individuel; celle des adjoints correspondans, au scrutin de liste.

## TITRE IV. — ADMINISTRATION.

### CHAPITRE PREMIER.

#### 63.

*Conseil.*

L'Académie est représentée, hors le temps de ses séances, par le conseil d'administration.

#### 64.

Le conseil d'administration est présidé comme l'Académie; le secrétaire perpétuel fait les fonctions de secrétaire, et il a sous sa direction les bureaux de l'Académie

#### 65.

Ces bureaux se composent d'un premier commis et d'un second commis, lesquels sont présentés par le conseil et agréés par l'Académie.

#### 66.

Dans aucun cas, les emplois de premier et de second commis ne peuvent être remplis par des personnes ayant un titre quelconque dans l'Académie.

#### 67.

Le conseil d'administration se réunit tous les huit jours, et plus souvent si les circonstances l'exigent, dans le local ordinaire de l'Académie; les convocations extraordinaires sont faites par le président, et à son défaut, par le secrétaire perpétuel.

#### 68.

Le conseil est chargé de l'exécution des décisions de l'Académie, du dépouillement et de l'expédition de la correspondance, du partage des objets envoyés, et des convocations extraordinaires; il contrôle et ordonnance les dépenses de tous genres; enfin, il prend provisoirement, et dans les cas urgens, les mesures que les circonstances exigent.

### 69.

Toutes ses décisions sont prises à la majorité absolue des voix: ces décisons sont signées au registre par le président, et contresignées par le secrétaire.

### 70.

Le conseil soumet toutes ses décisions à l'Académie.

### 71.

Chaque membre du conseil d'administration reçoit, à l'issue de la séance, le jeton accordé pour les séances de l'Académie.

### CHAPITRE II.

### 72.

Le budjet des dépenses de l'Académie sera renfermé chaque année, sous les titres suivans :  *Dépenses.*

1° Jetons de présence;
2° Prix généraux et particuliers;
3° Secrétaire perpétuel;
4° Secrétaires de sections;
5° Trésorier;
6° Premier commis;
7° Deuxième commis;
8° Garçon de bureau;
9° Frais de bureau;
10° Frais d'impression;
11° Éclairage et chauffage;
12° Frais de recherches et d'observations;
13° Dépenses imprévues.

## CHAPITRE III.

### 73.

*Trésorier.*  Le trésorier est chargé de recevoir et de payer au nom de l'Académie.

### 74.

Il paie sur les mandats du conseil d'administration, signés du président et du secrétaire.

### 75.

Il rend compte, tous les ans, au conseil d'administration, celui-ci à l'Académie, l'Académie au ministre.

## CHAPITRE IV.

### 76.

*Archives et Collections.*  Sont déposés dans des archives et des collections communes, les observations, mémoires et ouvrages tant imprimés que manuscrits; les dessins, gravures et planches, les instrumens et les machines; les pièces d'anatomie, les objets d'histoire naturelle, les produits chimiques, et généralement tous les objets qui pourraient être adressés à l'Académie et aux sections, ou bien être acquis par elles.

### 77.

Il est dressé tous les ans, et présenté à l'Académie, un catalogue des objets qui lui ont été donnés ou acquis dans le cours de l'année; et tous les cinq ans, ces catalogues sont fondus en un catalogue général.

### 78.

L'Académie ordonne la publication de ces catalogues toutes les fois qu'elle le juge convenable.

#### 79.

En attendant que l'Académie ait un conservateur, les archives et les collections seront confiées au premier commis, sous la surveillance du secrétaire perpétuel.

## TITRE V. — PUBLICATIONS.

#### 80.

Les travaux de l'Académie sont rendus publics sous format in-4°, tous les trois, six, neuf mois, ou tous les ans au plus tard, par livraisons proportionnées à l'abondance des matières.

#### 81.

Toutes ces publications sont faites, même celles des sections, au nom de l'Académie entière, et en commun pour les trois sections réunies : elles ne peuvent avoir lieu sans le consentement de l'Académie, et qu'en vertu d'une délibération expresse.

#### 82.

Elles se composent :

1° Du compte des travaux de l'Académie et des sections;

2° De l'esquisse historique des progrès de l'art, tant dans ses parties que dans son ensemble;

3° De l'analise des mémoires et des faits qui n'auraient pu trouver place dans le volume actuellement sous presse;

4° Des notices historiques composées sur les membres de l'Académie décédés;

5° Du programme des prix proposés par l'Académie et les sections, et de l'indication des prix remportés.

#### 83.

Les écrits destinés à l'impression sont remis à un comité chargé de revoir ce qui doit être publié par l'Académie ou par les sections.

### 84.

Ce comité est composé du secrétaire perpétuel de l'Académie, des secrétaires des sections, et de cinq membres nommés au scrutin : deux par l'Académie, et un par chacune des sections.

Ces cinq derniers membres doivent être renouvelés tous les ans.

### 85.

Les ouvrages imprimés et ceux dont il aurait été rendu un compte détaillé dans des ouvrages périodiques ou autres, ne peuvent faire partie des publications de l'Académie.

### 86.

Il sera accordé aux auteurs des ouvrages qui n'auraient pas été désignés pour être publiés actuellement, la faculté d'en faire tirer copie.

### 87.

Le comité de publication rend compte tous les trois mois à l'Académie de l'état des travaux relatifs à la publication de ces mémoires.

### 88.

L'Académie ne publie ni n'autorise aucun écrit périodique.

## TITRE VI. — PRIX.

### 89.

L'Académie propose tous les ans, pour sujets de prix, des questions sur des matières susceptibles, autant que faire se peut, d'expériences, d'observations et de recherches positives.

90.

Ces prix sont au nombre de quatre : un pour la médecine, un pour la chirurgie, un pour la pharmacie, et le quatrième pour des sujets d'un intérêt commun à plusieurs sections.

91.

Les membres honoraires et titulaires de l'Académie sont seuls exclus du concours.

92.

Les mémoires adressés en réponse aux questions de l'Académie doivent porter une épigraphe apparente, et le nom de l'auteur soigneusement cacheté.

93.

Ces mémoires sont envoyés à des commissions composées de cinq membres au moins, élus au scrutin par l'Académie ou par les sections, suivant la nature des questions mises au concours.

94.

Ces commissions font un rapport, et soumettent leur jugement à la ratification de l'Académie ou des sections qui les ont nommées.

95.

Les mémoires couronnés peuvent être publiés avec ceux de l'Académie, lorsqu'elle le juge convenable.

96.

Les prix résultant de dons particuliers faits à l'Académie seront décernés suivant les intentions des donateurs, en se conformant toutefois aux règles établies ci-dessus.

## TITRE VII. — DISPOSITIONS GENÉRALES.

### 97.

L'Académie désigne, sur la demande du gouvernement, des commissaires choisis parmi ses membres, pour être envoyés dans tous les lieux où des épidémies, des épizooties, l'examen d'établissemens d'eaux minérales, d'utilité publique, etc., peuvent rendre leur présence nécessaire.

### 98.

L'Académie envoie à ses frais une députation aux obsèques de ceux de ses membres qui sont décédés dans le lieu de sa résidence.

### 99.

En cas d'insuffisance du présent réglement, il y sera pourvu par une délibération de l'Académie. Cette délibération, pour être exécutoire, devra être soumise au Ministre et approuvée par lui.

*Approuvé par le Ministre secrétaire d'état au département de l'intérieur, suivant sa lettre en date du 3 juillet 1822.*

Pour copie conforme,

En l'absence du secrétaire de l'Académie,

C. DUMÉRIL,

*Secrétaire de la Section de médecine.*

A PARIS, DE L'IMPRIMERIE DE RIGNOUX,

rue des Francs-Bourgeois-Saint-Michel, n° 8

# TABLE DU RÈGLEMENT.

www.ingramcontent.com/pod-product-compliance
Lightning Source LLC
Chambersburg PA
CBHW061249030726
47595CB00004B/1774